The Midnight Train Bilingual Norwegian-English Stories for Norwegian Language Learners

Pomme Bilingual

Published by Pomme Bilingual, 2024.

Table of Contents

Reisen Inni Seg Selv

Det var en grå morgen da Erik bestemte seg for å forlate alt. Livet hans i Oslo hadde blitt monoton, fylt med møter og uendelige oppgaver som aldri virket å gi mening. Han pakket en liten ryggsekk med det mest nødvendige: klær, mat og en bok han aldri hadde hatt tid til å lese. Han trengte å komme seg bort fra byens støy og inn i naturens stillhet.

Erik startet sin vandring mot fjordene, der fjellene strakte seg mot himmelen, og den klare, friske luften fylte lungene hans med liv. Hver skritt føltes som en avskjed fra fortiden, en mulighet til å konfrontere det han hadde unngått så lenge.

På vei oppover stiene, omgitt av majestetiske fjell og glitrende innsjøer, begynte Eriks tanker å flyte. Han tenkte på barndommen sin, på foreldrene som alltid hadde høye forventninger til ham. "Du må bli noe stort, Erik," hadde de sagt. Men hva betydde det å bli "noe stort"? Hvem var han egentlig, hvis ikke deres forventninger?

Etter noen timers vandring, satte han seg ned for å hvile ved kanten av en innsjø. Vannet var speilglatt, og han kunne se refleksjonen av sitt eget ansikt. Øynene hans bar preg av tvil og frustrasjon. Det var da han begynte å gråte. Gråten kom fra et sted dypt inni ham, som om alle de uuttalte ordene og følelsene endelig fikk slippe ut.

Mens tårene rant, begynte han å innse noe. Den indre kampen han hadde følt, var ikke bare et resultat av presset fra omverdenen, men også fra seg selv. Han hadde alltid vært sin egen verste kritiker.

"Hvorfor er det så vanskelig å være snill mot seg selv?" tenkte han. I naturens omfavnelse, med lyden av fuglesang og vinden som hvisket mellom trærne, begynte han å føle en form for ro. Kanskje det ikke handlet om å bli noe stort, men om å finne seg selv i alt kaoset.

Da solen begynte å gå ned, oppdaget Erik noe viktig. Han kunne ikke endre fortiden, men han kunne bestemme hvordan han ville leve fremtiden. Det var på tide å legge fra seg byrdene, tilgi seg selv, og begynne på nytt. Han reiste seg opp, med en nyfødt styrke i sinnet, og begynte å gå videre mot det ukjente, med vissheten om at det var der han virkelig tilhørte.

The Journey Within

It was a gray morning when Erik decided to leave everything behind. His life in Oslo had become monotonous, filled with meetings and endless tasks that never seemed to make sense. He packed a small backpack with the essentials: clothes, food, and a book he had never found time to read. He needed to escape the noise of the city and embrace the silence of nature.

Erik started his hike towards the fjords, where the mountains reached towards the sky, and the clear, fresh air filled his lungs with life. Every step felt like a farewell to the past, an opportunity to confront what he had avoided for so long.

As he made his way up the trails, surrounded by majestic mountains and shimmering lakes, Erik's thoughts began to flow. He thought of his childhood, of the parents who always had high expectations of him. "You must become something great, Erik," they had said. But what did it mean to become "something great"? Who was he, if not their expectations?

After a few hours of hiking, he sat down to rest by the edge of a lake. The water was smooth as a mirror, and he could see the reflection of his own face. His eyes bore the marks of doubt and frustration. It was then that he began to cry. The tears came from a place deep within him, as if all the unspoken words and feelings were finally released.

As the tears flowed, he began to realize something. The inner struggle he had felt was not only a result of the pressure from the outside world but also from himself. He had always been his own worst critic.

"Why is it so hard to be kind to oneself?" he pondered. In the embrace of nature, with the sound of birds singing and the wind whispering through the trees, he began to feel a sense of peace. Perhaps it wasn't about becoming something great, but about finding himself amidst all the chaos.

As the sun began to set, Erik discovered something important. He could not change the past, but he could decide how he wanted to live in the future. It was time to let go of the burdens, forgive himself, and start anew. He stood up, with a renewed strength in his mind, and began to walk towards the unknown, with the certainty that it was where he truly belonged.

Oppskrift på Lykke

Det var en grå torsdag kveld da fire venner samlet seg på kjøkkenet til Nora for sin ukentlige matlagingsklasse. Kjøkkenet var fylt med deilige dufter av hvitløk og friske urter, og latteren deres blandet seg med lyden av kniver som skar mot skjærebrettet.

Nora, som var vertinnen, hadde valgt å lage pasta fra bunnen av denne kvelden. Hun var alltid den mest ambisiøse i gruppen, med store drømmer om å åpne sin egen restaurant. "Dette blir en smakfull reise!" sa hun med et smil.

Ved siden av henne sto Magnus, en gourmetkokk med et talent for å brenne vann. Han var kjent for å komme med de mest absurde ideene, og denne kvelden var intet unntak. "Hva med å tilsette sjokolade i sausen?" spurte han med et glimt i øyet. De andre så på ham som om han nettopp hadde foreslått å male veggene med ketchup.

"Magnus, sjokolade og tomatsaus? Det er en dårlig idé," sa Emma, som alltid var den mest fornuftige. Hun var der for å sørge for at ting gikk på skinner, men hun hadde også en god dose humor som kom til uttrykk når det gjaldt Magnus. "Vi skal ikke lage dessert, vi skal lage middag!"

Rasmus, den stille observatøren i gruppen, hadde sittet på sidelinjen og notert seg hvert eneste forslag. Han var en romantiker, og likte å lage mat, men han var ikke alltid flink til å ta initiativ. "Hva med å lage en deilig salat som tilbehør?" foreslo han forsiktig.

Slik fortsatte de kvelden, mens de kokte og snakket om livene sine. De delte historier om dårlige dater, arbeidsstress, og drømmer de hadde for fremtiden. Nora fortalte om sin ambisjon om å åpne en restaurant, mens Magnus snakket om sitt håp om å bli en TV-kokk. Emma drømte om å reise til Italia for å lære mer om matlaging, og Rasmus innrømmet at han ønsket å skrive en bok om kjærlighet.

Da maten endelig var klar, satte de seg ned for å spise. Pastaen var perfekt, sausen en drøm, og selv om sjokoladesausen ble glemt, var måltidet en suksess. De lo og snakket om gamle minner, og gleden over å være sammen var påtakelig.

Etter middagen, mens de ryddet opp, innså de at det ikke bare var maten som gjorde kvelden spesiell, men også båndet de delte. Hver ukentlig samling var som et fristed fra hverdagen, hvor de kunne være seg selv og støtte hverandre i livets opp- og nedturer.

"Skal vi lage dessert neste gang?" spurte Magnus med et smil. "Kanskje sjokoladesausen kan bli en del av oppskriften?"

Alle brast ut i latter, og de visste at uansett hva de lagde, ville lykken alltid være en del av oppskriften.

Recipe for Happiness

It was a gray Thursday evening when four friends gathered in Nora's kitchen for their weekly cooking class. The kitchen was filled with delightful aromas of garlic and fresh herbs, and their laughter mingled with the sound of knives chopping against cutting boards.

Nora, the hostess, had chosen to make pasta from scratch that evening. She was always the most ambitious in the group, with big dreams of opening her own restaurant. "This is going to be a delicious journey!" she said with a smile.

Next to her stood Magnus, a gourmet cook with a talent for burning water. He was known for coming up with the most absurd ideas, and this evening was no exception. "What if we added chocolate to the sauce?" he asked, a twinkle in his eye. The others looked at him as if he had just suggested painting the walls with ketchup.

"Magnus, chocolate and tomato sauce? That's a terrible idea," said Emma, who was always the most sensible. She was there to ensure things ran smoothly, but she also had a good dose of humor, especially when it came to Magnus. "We're not making dessert; we're making dinner!"

Rasmus, the quiet observer of the group, had been sitting on the sidelines, taking note of every suggestion. He was a romantic and enjoyed cooking, but he wasn't always good at taking the initiative. "What about making a delicious salad as a side dish?" he suggested timidly.

And so, the evening continued as they cooked and talked about their lives. They shared stories about bad dates, work stress, and dreams they had for the future. Nora talked about her ambition to open a restaurant, while Magnus spoke about his hope of becoming a TV chef. Emma dreamed of traveling to Italy to learn more about cooking, and Rasmus admitted he wanted to write a book about love.

When the food was finally ready, they sat down to eat. The pasta was perfect, the sauce a dream, and even though the chocolate sauce was forgotten, the meal was a success. They laughed and reminisced about old memories, and the joy of being together was palpable.

After dinner, as they cleaned up, they realized that it wasn't just the food that made the evening special, but also the bond they shared. Each weekly gathering was like a sanctuary from everyday life, where they could be themselves and support each other through life's ups and downs.

"Shall we make dessert next time?" Magnus asked with a grin. "Maybe the chocolate sauce can become part of the recipe?"

Everyone burst out laughing, knowing that no matter what they cooked, happiness would always be part of the recipe.

Midnattstoget

Det var en kald, regntung kveld da Magnus gikk ned til jernbanestasjonen. Han hadde alltid likt den stille, ensomme atmosfæren om natten, men i kveld var det noe annet i luften. Kanskje det var stormen som raste utenfor, eller kanskje det var den dunkle følelsen som hadde ligget over ham hele dagen.

Han kjøpte en billett til Oslo og satte seg på det halvmørke perrongen. Toget skulle komme om noen minutter. Magnus trakk på seg jakken, kikket opp mot de sorte skyene som truet med mer regn, og tenkte på livet sitt. Han hadde nettopp mistet jobben sin, og tanken på en ny start i Oslo ga ham både frykt og håp.

Da toget endelig ankom, steg han ombord. Det var nesten tomt, bare noen få andre passasjerer satt lengst bak. Han fant en plass ved vinduet og så ut på de flimrende lysene fra stasjonen som forsvant bak ham.

Plutselig merket han en skygge ved siden av seg. En mann, kledd i svart, som så ut til å være i begynnelsen av førtiårene. Ansiktet hans var delvis skjult under en hatt, men øynene, iskalde og intense, stirret rett på Magnus.

"Fint vær i kveld, ikke sant?" sa mannen med en dyp, lav stemme. Magnus nikket, men følte seg ukomfortabel. Det var noe med denne mannen; han hadde en aura av hemmelighet som gjorde at Magnus fikk gåsehud.

Som toget rullet gjennom mørket, begynte mannen å snakke. Han fortalte om livet sitt, om feilgrepene han hadde gjort, om folkene han hadde mistet. "Vi bærer alle på hemmeligheter," sa han, og stemmen hans ble mer intens. "Noen av dem er tyngre enn andre."

Magnus forsøkte å smile, men magen hans knyttet seg. Det var noe urovekkende med måten mannen snakket på. Som om han visste noe om Magnus, noe som skremte ham. Hva om han hadde gjort noe? Hva om han ble forfulgt av fortiden sin?

Tiden gikk, og toget rullet inn i en tunnel. Det ble mørkere. Magnus kunne høre pusten til mannen ved siden av seg, tung og jevn, og han følte en voksende angst. "Hvor er vi på vei?" spurte han, stemmen hans skjelvende.

"Mot Oslo," svarte mannen. "Men vi stopper ikke der. Ingen av oss gjør det."

Med ett knipset lyset av, og en kriblende stillhet fylte kupeen. Magnus kunne ikke se noe, men han kunne føle mannens nærvær som en truende skygge. "Hvem er du?" hvisket han, men mannen svarte ikke.

Da lysene blinket tilbake, var mannen borte. Bare en ledig plass gjenstod ved vinduet. Magnus kunne knapt tro det han hadde opplevd. Hva var det nettopp skjedde?

Da toget sakte begynte å bremse inn, begynte en intens følelse av panikk å ta over. Hva om mannen ikke var borte? Hva om han fortsatt var der, et sted i mørket, og ventet på å konfrontere ham med den skjulte sannheten?

Magnus følte at han måtte komme seg av toget. Han grep bagasjen sin og skyndte seg mot døren. Da dørene åpnet seg, ble han møtt av det kalde, stillestående været. Han trådte ut på plattformen, med et hjerte som hamret i brystet, og visste at denne reisen var mer enn bare en reise til Oslo. Det var en reise inn i mørket.

The Midnight Train

It was a cold, rain-soaked evening when Magnus made his way down to the train station. He had always enjoyed the quiet, solitary atmosphere of the night, but tonight felt different. Perhaps it was the storm raging outside, or perhaps it was the dark feeling that had lingered over him all day.

He bought a ticket to Oslo and sat on the dimly lit platform. The train was due in a few minutes. Magnus pulled his jacket tighter around him, glancing up at the dark clouds threatening more rain, and thought about his life. He had just lost his job, and the thought of a fresh start in Oslo filled him with both fear and hope.

When the train finally arrived, he boarded. It was nearly empty, with only a few other passengers sitting at the far end. He found a seat by the window and watched the flickering lights of the station disappear behind him.

Suddenly, he noticed a shadow beside him. A man, dressed in black, looking to be in his early forties. His face was partly hidden under a hat, but his eyes, cold and intense, stared directly at Magnus.

"Nice weather tonight, isn't it?" the man said in a deep, low voice. Magnus nodded but felt uncomfortable. There was something about this man; he had an air of mystery that sent chills down Magnus's spine.

As the train rolled through the darkness, the man began to speak. He talked about his life, about the mistakes he had made, about the people he had lost. "We all carry secrets," he said, his voice growing more intense. "Some of them are heavier than others."

Magnus tried to smile, but his stomach twisted. There was something unsettling about the way the man spoke. As if he knew something about Magnus, something that frightened him. What if he had done something? What if he was being pursued by his past?

Time passed, and the train rolled into a tunnel. It grew darker. Magnus could hear the man's breathing beside him, heavy and steady, and he felt an increasing sense of dread. "Where are we headed?" he asked, his voice trembling.

"Towards Oslo," the man replied. "But we won't stop there. None of us will."

Suddenly, the lights flickered out, and an eerie silence filled the compartment. Magnus couldn't see anything, but he could feel the man's presence like a looming shadow. "Who are you?" he whispered, but the man didn't answer.

When the lights flickered back on, the man was gone. Only an empty seat remained by the window. Magnus could hardly believe what he had just experienced. What had just happened?

As the train slowly began to brake, an intense feeling of panic took over. What if the man wasn't gone? What if he was still there, lurking in the darkness, waiting to confront him with the hidden truth?

Magnus felt he had to get off the train. He grabbed his bag and hurried toward the door. As the doors opened, he was met by the cold, still air. He stepped onto the platform, with a heart racing in his chest, knowing this journey was more than just a trip to Oslo. It was a journey into darkness.

Høstens Farge

Da Anna satte kursen mot barndomshjemmet, var høsten i ferd med å male landskapet i gyldne, rike nyanser. Trærne var kledd i flammende rødt og dyp oransje, og luften bar en mild kjølighet som minnet henne om barndommens gleder og sorger.

Hjemme hos foreldrene var alt likt, men også så forskjellig. Det gamle huset sto der, som alltid, men hver sprekk i veggen og hver knirk i gulvet fortalte en annen historie. Anna kunne kjenne fortiden sveve rundt henne som en usynlig tilskuer.

Hun gikk inn i stuen, hvor lukten av gammelt tre og en svak anelse av kanel fra kjøkkenet fylte rommet. Moren hennes hadde alltid laget eplekake om høsten, og minner om latter og samtaler fylte hennes sinn. Men nå var huset stille. Bare ekkoene av barndommens stemmer kunne høres.

Anna satte seg ned i vinduskarmen og så ut på hagen. Det var et hav av farger, men selv de vakreste fargene bar på en bittersøt melankoli. Hun husket hvordan hun og broren hennes pleide å leke i disse bladene, og hvordan de alltid hadde lovet å aldri vokse opp. Men tiden var en ustoppelig elv, og nå var broren borte.

Hun lukket øynene og forsøkte å høre stemmen hans, men alt hun fikk var lyden av vinden som hvisket gjennom trærne. Høsten hadde alltid vært en tid for refleksjon for Anna, en tid for å tenke på de som hadde kommet og gått, og om hva som virkelig betydde noe i livet.

Som dagene gikk, begynte hun å sortere gjennom gamle bilder og bøker, ting som hun hadde glemt i mange år. Hver gjenstand ble en port til en annen tid, en annen del av seg selv. Hun fant et gammelt fotografi av familien samlet rundt et bord dekket med deilige retter. Smilene på bildet var strålende, men hun kunne også se skyggen av tapet som fulgte dem.

En kveld, mens hun sto ute på verandaen og så opp på stjernene, innså hun at høstens farger ikke bare var vakre, men også en påminnelse om livets forgjengelighet. Alt ville en dag forsvinne, men minnene ville for alltid være en del av henne.

Anna smilte, vel vitende om at hun måtte ta med seg disse minnene tilbake til sitt eget liv. Hjemme var ikke bare et sted, men også en tilstand av sinn. Hun visste at hun kunne bære med seg høstens farger hvor enn hun dro, og at de alltid ville være en del av henne.

Autumn's Colors

As Anna set her course toward her childhood home, autumn was in the process of painting the landscape in golden, rich hues. The trees were dressed in fiery reds and deep oranges, and the air carried a gentle chill that reminded her of the joys and sorrows of her youth.

At her parents' house, everything was the same yet so different. The old house stood there, as always, but every crack in the walls and every creak in the floor told a different story. Anna could feel the past hovering around her like an invisible spectator.

She entered the living room, where the scent of old wood and a faint hint of cinnamon from the kitchen filled the space. Her mother had always baked apple pie in the fall, and memories of laughter and conversations filled her mind. But now the house was silent. Only the echoes of childhood voices could be heard.

Anna settled into the window sill and gazed out at the garden. It was a sea of colors, but even the most beautiful hues carried a bittersweet melancholy. She remembered how she and her brother used to play in those leaves, how they had promised never to grow up. But time was an unstoppable river, and now her brother was gone.

She closed her eyes, trying to hear his voice, but all she got was the sound of the wind whispering through the trees. Autumn had always been a time for reflection for Anna, a time to think about those who had come and gone and about what truly mattered in life.

As the days passed, she began sorting through old pictures and books, things she had forgotten for many years. Each object became a portal to another time, another part of herself. She found an old photograph of the family gathered around a table filled with delicious dishes. The smiles in the picture were radiant, but she could also see the shadow of loss that accompanied them.

One evening, as she stood on the porch looking up at the stars, she realized that the colors of autumn were not only beautiful but also a reminder of the transience of life. Everything would one day fade away, but the memories would always be a part of her.

Anna smiled, knowing she had to carry these memories back into her own life. Home was not just a place but also a state of mind. She understood that she could take the colors of autumn with her wherever she went, and they would forever be a part of her.

Trollens Hemmelighet

Det var en gang en liten landsby ved foten av de mektige fjellene, hvor solen skinte og blomstene blomstret i alle regnbuens farger. I denne landsbyen bodde det en ung jente ved navn Mira, som elsket å utforske naturen rundt henne. Hver dag, etter å ha gjort leksene sine, tok hun på seg støvlene og begav seg ut på eventyr.

En dag, mens hun vandret opp i fjellene, snublet hun over en skjult hule dekket av mose og klatreplanter. Nysgjerrig som hun var, kunne hun ikke motstå fristelsen til å gå inn. Inne i hulen oppdaget hun en gammel troll, som satt på en stor stein og så trist ut. Trollens hud var dekket av grått hår, og øynene hans lyste som stjerner i natten.

"Hallo, lille venn," sa trollen med en dyp, brummende stemme. "Hva bringer deg til min hule?"

Mira svarte forsiktig, "Jeg er bare nysgjerrig. Hva gjør du her alene?"

Trollen sukket. "Jeg er her for å beskytte landsbyen mot en stor fare, men jeg kan ikke gjøre det alene. Jeg har magiske evner, men jeg har mistet troen på meg selv."

Mira følte medfølelse for trollen. "Kanskje jeg kan hjelpe deg!" foreslo hun. "Fortell meg hva vi må gjøre."

Trollen så på henne med overraskede øyne. "Du vil virkelig hjelpe meg? Den trusselen som nærmer seg, er en mørk skygge som ønsker å overta landsbyen. Den kan bare stoppes med den eldgamle trylleformelen som er skjult i fjellene."

Sammen begynte de reisen mot fjellet, der de måtte løse gåter og møte fantastiske skapninger. De traff på en snakkende rev som ga dem ledetråder, og en morsom liten alv som hjalp dem med å overvinne utfordringer.

Etter mange eventyr og opplevelser, fant Mira og trollen endelig den skjulte trylleformelen i en gammel bok, gjemt i en hule fylt med lys. De lærte at kjærlighet og vennskap var nøkkelen til å bekjempe mørket.

Da de kom tilbake til landsbyen, samlet de alle innbyggerne. Trollen, med Miras støtte, leste trylleformelen høyt. Lys strålte fra hans hender, og den mørke skyggen som truet landsbyen begynte å svinne bort.

Folkene i landsbyen jublet av glede. De hadde ikke bare reddet hjemmet sitt, men også oppdaget at de var sterkere sammen. Trollen, som hadde vært ensom i så mange år, ble en del av fellesskapet, og Mira hadde fått en venn for livet.

Og slik ble det at Mira og trollen, med sine magiske evner og sterke bånd, fortsatte å beskytte landsbyen og skape eventyr sammen, alltid på utkikk etter nye skatter i fjellene.

The Troll's Secret

Once upon a time, there was a small village at the foot of mighty mountains, where the sun shone and flowers bloomed in all the colors of the rainbow. In this village lived a young girl named Mira, who loved to explore the nature around her. Every day, after finishing her homework, she would put on her boots and set out on an adventure.

One day, while wandering up the mountains, she stumbled upon a hidden cave covered in moss and climbing plants. Curious as she was, she could not resist the temptation to go inside. Inside the cave, she discovered an ancient troll sitting on a large stone, looking sad. The troll's skin was covered in gray hair, and his eyes sparkled like stars in the night.

"Hello, little friend," said the troll in a deep, rumbling voice. "What brings you to my cave?"

Mira cautiously replied, "I'm just curious. What are you doing here alone?"

The troll sighed. "I am here to protect the village from a great danger, but I cannot do it alone. I have magical abilities, but I have lost faith in myself."

Mira felt sympathy for the troll. "Maybe I can help you!" she suggested. "Tell me what we need to do."

The troll looked at her with surprised eyes. "You truly want to help me? The threat that approaches is a dark shadow that wishes to take over the village. It can only be stopped with the ancient spell hidden in the mountains."

Together, they began their journey up the mountain, where they had to solve riddles and meet fantastic creatures. They encountered a talking fox who gave them clues and a funny little fairy who helped them overcome challenges.

After many adventures and experiences, Mira and the troll finally found the hidden spell in an ancient book, tucked away in a cave filled with light. They learned that love and friendship were the keys to overcoming darkness.

When they returned to the village, they gathered all the villagers. The troll, with Mira's support, recited the spell aloud. Light radiated from his hands, and the dark shadow threatening the village began to fade away.

The villagers cheered with joy. They had not only saved their home but also discovered that they were stronger together. The troll, who had been lonely for so many years, became part of the community, and Mira had gained a friend for life.

And so it was that Mira and the troll, with their magical abilities and strong bond, continued to protect the village and create adventures together, always on the lookout for new treasures in the mountains.

Digital Omvei

Oliver var en tech-savvy ung mann som levde livet sitt gjennom skjermen på smarttelefonen sin. Hver dag var han opptatt med å oppdatere sosiale medier, spille spill og navigere gjennom apper. En dag bestemte han seg for å dra på en helgetur til fjellet for å ta en pause fra den digitale verden. Han pakket sekken sin med snacks og nødvendigheter, og glemte helt å lade opp telefonen. Da han endelig nådde fjellstien, gikk han i gang med å utforske.

Det var en strålende dag, og naturen var fantastisk. Men etter noen timer med vandring oppdaget han at han hadde gått seg vill. Med telefonen som viste 0% batteri, ble han raskt nervøs. Hvordan skulle han finne veien tilbake? Håpløst begynte han å gå rundt i sirkler, og panikken begynte å spre seg.

Mens han ruslet i panikk, møtte han en eldre mann som satt på en benk i skyggen av et stort tre. Mannen hadde grått hår og et vennlig smil. "Du ser ut som om du har mistet noe," sa han.

"Jeg har mistet veien," svarte Oliver. "Og jeg har ikke telefonen min til å hjelpe meg."

Den gamle mannen lo. "Kanskje det er på tide å lære å navigere uten teknologi. Kom og sett deg. La oss snakke litt."

Mannen introduserte seg som Lars, og de begynte å prate. Lars delte historier fra livet sitt, om hvordan han vokste opp i naturen, og hvordan han lærte å lese landskapet. Oliver lyttet med fascinasjon. Hver gang Lars pekte på noe, forklarte han hvordan man kunne bruke omgivelsene som en guide.

Da de snakket, begynte Oliver å føle seg mer avslappet. Han innså at han hadde vært så opptatt av teknologien at han hadde glemt å sette pris på verden rundt seg. Lars oppfordret ham til å se opp på stjernene, merke lydene av naturen, og forstå sporene som dyrene etterlot seg.

Etter en stund følte Oliver seg klar til å finne veien hjem. Med Lars' veiledning begynte han å bruke naturen som sitt kart. De la ut på en liten ekspedisjon, hvor Lars viste ham hvordan man følger bekker, leser skyene og gjenkjenner trærne.

Sammen oppdaget de en vakker utsikt over dalen, der solen begynte å gå ned. Oliver tok et øyeblikk til å ta alt inn. Det var en glede han aldri hadde følt før, og det hadde ingenting med skjermene å gjøre.

Til slutt, etter flere timers vandring, klarte de å finne stien som ledet tilbake til landsbyen. Oliver var takknemlig for Lars' hjelp og for den uvurderlige erfaringen. Han innså at det å være "tapt" ikke nødvendigvis var en dårlig ting.

Da de tok farvel, lovet Oliver å bruke mindre tid foran skjermen og mer tid i naturen. Han forlot fjellet med en ny forståelse av livet, vennskap og den virkelige verden.

Digital Detour

Oliver was a tech-savvy young man who lived his life through the screen of his smartphone. Every day, he was busy updating social media, playing games, and navigating through apps. One day, he decided to take a weekend trip to the mountains to take a break from the digital world. He packed his backpack with snacks and essentials, completely forgetting to charge his phone. When he finally reached the mountain trail, he set off to explore.

It was a beautiful day, and the scenery was stunning. But after a few hours of hiking, he realized he was lost. With his phone showing 0% battery, he quickly grew anxious. How would he find his way back? Hopelessly, he began to walk in circles, and panic started to set in.

As he wandered in distress, he encountered an older man sitting on a bench in the shade of a large tree. The man had gray hair and a friendly smile. "You look like you've lost something," he said.

"I've lost my way," Oliver replied. "And I don't have my phone to help me."

The old man laughed. "Maybe it's time to learn to navigate without technology. Come, sit down. Let's talk for a bit."

The man introduced himself as Lars, and they began to chat. Lars shared stories from his life, about how he grew up in nature and how he learned to read the landscape. Oliver listened with fascination. Each time Lars pointed out something, he explained how to use the surroundings as a guide.

As they talked, Oliver began to feel more at ease. He realized he had been so preoccupied with technology that he had forgotten to appreciate the world around him. Lars encouraged him to look up at the stars, notice the sounds of nature, and understand the tracks left by animals.

After a while, Oliver felt ready to find his way home. With Lars' guidance, he started using nature as his map. They set out on a little expedition, where Lars showed him how to follow streams, read the clouds, and recognize the trees.

Together, they discovered a beautiful view over the valley as the sun began to set. Oliver took a moment to take it all in. It was a joy he had never felt before, and it had nothing to do with screens.

Finally, after several hours of walking, they managed to find the path leading back to the village. Oliver was grateful for Lars' help and for the invaluable experience. He realized that being "lost" wasn't necessarily a bad thing.

As they said goodbye, Oliver promised to spend less time in front of the screen and more time in nature. He left the mountains with a new understanding of life, friendship, and the real world.

Det siste brevet

Kjære Anna,

Det føles som en evighet siden sist jeg så deg. Jeg sitter her i den lille leiligheten min, omringet av minner fra fortiden, og jeg lurer på hvordan du har det. Livet har vært en merkelig reise for oss begge, fylt med opp- og nedturer, men jeg kan ikke la være å tenke på deg.

Hver gang jeg ser ut av vinduet, tenker jeg på de kveldene vi tilbrakte sammen i parken. Husk du hvordan vi lå på gresset, så opp mot stjernene og drømte om fremtiden? Den tiden føles så langt borte, men minnene er like klare som om de var i går.

Det er noe jeg har ønsket å si deg i lang tid. Jeg angrer på måten ting endte mellom oss. I løpet av årene har jeg forstått hvor mye jeg tok for gitt. Du var ikke bare min kjæreste; du var min beste venn. Jeg savner samtalene våre, latteren og de stille øyeblikkene som betydde så mye.

Jeg husker den dagen vi kranglet om noe så trivielt. Det føltes som om vi var uovervinnelige, men vi var ikke det. Vi sa ord som vi ikke kunne ta tilbake, og vi lot oss drive fra hverandre. Jeg har tenkt mye på de ordene, og jeg ønsker jeg kunne skru tiden tilbake for å endre dem.

Livet har brakt oss til forskjellige steder. Du har skapt et liv for deg selv, og jeg er stolt av deg. Du har alltid vært sterk, men jeg håper du også har funnet fred i hjertet ditt. Jeg er fortsatt her, med all min usikkerhet, og jeg jobber hardt for å bli den beste versjonen av meg selv.

Kanskje en dag, når stjernene skinner som de gjorde den kvelden, kan vi møtes igjen og snakke om alt det uuttalte. Jeg har mye mer å si, og det ville betydd så mye for meg å høre fra deg.

Med all min kjærlighet,

Oskar

Kjære Oskar,

Å motta brevet ditt var som å åpne en gammel bok jeg trodde jeg hadde lagt bak meg. Jeg har tenkt mye på deg også, og minnene fra vår tid sammen har alltid vært med meg.

Det er rart hvordan livene våre har utviklet seg. Jeg har funnet glede i nye eventyr og utfordringer, men en del av meg savner deg. Jeg savner de kveldene da vi delte alt – både drømmer og bekymringer. Du var min styrke, og jeg har alltid beundret din evne til å se skjønnheten i de små tingene.

Ja, vi hadde våre krangler, men de var en del av oss. De lærte meg om kjærlighetens kompleksitet. Vi var unge og naive, og vi trodde vi visste alt. Men livet er aldri så enkelt, er det?

Jeg har gjort fremskritt i livet mitt, men jeg bærer også på en del regret. Jeg angret på at vi ikke ga hverandre den sjansen til å vokse sammen. Jeg tror vi var ment å være i hverandres liv, men skjebnen ville det annerledes.

Det ville vært fint å møtes igjen, Oskar. Jeg føler at vi har så mye mer å si til hverandre. Kanskje vi kan dra tilbake til parken en dag, under stjernene, og se hvor veiene våre tar oss videre.

Med varme tanker,

Anna

The Last Letter

Dear Anna,

It feels like an eternity since I last saw you. I sit here in my small apartment, surrounded by memories of the past, and I wonder how you are. Life has been a strange journey for both of us, filled with ups and downs, but I can't help but think of you.

Every time I look out the window, I think of those evenings we spent together in the park. Remember how we lay on the grass, looking up at the stars and dreaming about the future? That time feels so far away, but the memories are as clear as if it were yesterday.

There's something I've wanted to tell you for a long time. I regret the way things ended between us. Over the years, I've realized how much I took for granted. You weren't just my girlfriend; you were my best friend. I miss our conversations, the laughter, and the quiet moments that meant so much.

I remember the day we argued over something so trivial. It felt like we were invincible, but we weren't. We said words we could never take back, and we let ourselves drift apart. I've thought a lot about those words, and I wish I could turn back time to change them.

Life has brought us to different places. You've created a life for yourself, and I'm proud of you. You've always been strong, but I hope you've also found peace in your heart. I'm still here, with all my uncertainties, and I'm working hard to become the best version of myself.

Maybe one day, when the stars shine as they did that night, we can meet again and talk about all the unspoken things. I have so much more to say, and it would mean the world to me to hear from you.

With all my love,

Oskar

Dear Oskar,

Receiving your letter was like opening an old book I thought I had put behind me. I have thought a lot about you too, and the memories of our time together have always stayed with me.

It's strange how our lives have unfolded. I have found joy in new adventures and challenges, but a part of me misses you. I miss those evenings when we shared everything – both dreams and worries. You were my strength, and I have always admired your ability to see beauty in the small things.

Yes, we had our arguments, but they were part of us. They taught me about the complexity of love. We were young and naive, and we thought we knew everything. But life is never that simple, is it?

I have made progress in my life, but I also carry a bit of regret. I regret that we didn't give each other the chance to grow together. I believe we were meant to be in each other's lives, but fate had other plans.

It would be nice to meet again, Oskar. I feel that we have so much more to say to each other. Perhaps we can go back to the park one day, under the stars, and see where our paths take us next.

With warm thoughts,

Anna

Under de nordlys

Det var en klar vinternatt i Tromsø, og himmelen var opplyst av dansende nordlys som malte landskapet i en grønn og lilla glød. Klippene og fjellene rundt festivalen var dekket av snø, og den friske, kalde luften var fylt med lukten av brente mandler og varm sjokolade. Anna trakk pusten dypt, og følte hvordan det kjølige været krympet inn i sjelen hennes.

Hun hadde reist til Tromsø alene, dratt dit for å finne noe hun ikke visste hun savnet. Festivalen var livlig, med musikk, latter og folk som samlet seg rundt bålpanner. Likevel, midt i folkemengden, følte hun seg mer ensom enn noen gang. Da hun snudde seg for å gå mot den varme maten, snublet hun over en liten haug med snø.

"Oi, se opp!" utbrøt en dyp stemme.

Hun så opp og møtte blikket til en mann som sto der med et smil som lyste opp ansiktet hans, selv i det svake lyset fra festivalen. Han hadde mørkt hår og en lett skjeggvekst, og hans blå øyne glitret som stjernene over dem.

"Beklager! Jeg skulle vært mer forsiktig," sa hun og rødmet litt.

"Ingen skade skjedd! Jeg er Erik," sa han og strakte ut hånden.

"Anna," svarte hun og tok hånden hans. Hånden hans var varm, og hun følte et lite stikk av elektrisitet mellom dem.

De begynte å snakke, og Anna oppdaget snart at Erik var en lokal, og at han elsket å fortelle historier om Tromsø og dens magiske natur. De delte latter og minner, og det føltes som om de hadde kjent hverandre i flere liv. I løpet av kvelden tok Erik Anna med seg til forskjellige boder, hvor de smakte på lokale delikatesser, fra reinsdyrkjøtt til den søteste kanelbullen hun noen gang hadde smakt.

Da natten skred frem, stod de sammen og så opp mot nordlyset som flommet over himmelen. Det var som om naturen danset for dem, og i det øyeblikket, mellom de grønne og lilla lysene, følte Anna at noe uventet vokste mellom dem.

"Har du noen gang følt at du er på rett sted til rett tid?" spurte Erik.

Anna nikket. "Ja, akkurat nå."

Det var som om tid og rom hadde mistet sin betydning, og alt som betydde noe var den forbindelsen de delte. Da festivalen begynte å avta, innså de at de ikke ønsket å skilles. De besluttet å ta en lang spasertur gjennom den snødekte byen, pratende om drømmer, frykt og håp for fremtiden.

I løpet av de neste timene ble de mer enn bare to fremmede. De ble til en enhet, bundet av en gjensidig forståelse av hva det betyr å føle seg alene i en verden så full av liv.

Da solen begynte å stige over fjellene, visste de at dette var mer enn bare et møte under nordlyset. Det var starten på noe vakkert.

Under the Northern Lights

It was a clear winter night in Tromsø, and the sky was lit up by dancing northern lights that painted the landscape in a green and purple glow. The cliffs and mountains surrounding the festival were covered in snow, and the fresh, cold air was filled with the scent of roasted almonds and hot chocolate. Anna took a deep breath, feeling how the chill seeped into her soul.

She had traveled to Tromsø alone, drawn there to find something she didn't know she was missing. The festival was lively, with music, laughter, and people gathering around bonfires. Yet, amid the crowd, she felt lonelier than ever. As she turned to head toward the warm food, she stumbled over a small mound of snow.

"Watch out!" a deep voice exclaimed.

She looked up and met the gaze of a man standing there with a smile that lit up his face, even in the faint light of the festival. He had dark hair and a light scruff, and his blue eyes sparkled like the stars above them.

"Sorry! I should have been more careful," she said, feeling a bit embarrassed.

"No harm done! I'm Erik," he said, extending his hand.

"Anna," she replied, shaking his hand. His hand was warm, and she felt a little spark of electricity between them.

They began to talk, and Anna soon discovered that Erik was a local, and he loved to tell stories about Tromsø and its magical nature. They shared laughter and memories, and it felt like they had known each other for several lifetimes. As the evening progressed, Erik took Anna to various stalls, where they tasted local delicacies, from reindeer meat to the sweetest cinnamon bun she had ever had.

As the night wore on, they stood together, looking up at the northern lights that flowed across the sky. It was as if nature was dancing for them, and in that moment, amidst the green and purple lights, Anna felt something unexpected growing between them.

"Have you ever felt like you were in the right place at the right time?" Erik asked.

Anna nodded. "Yes, right now."

It was as if time and space lost their meaning, and all that mattered was the connection they shared. As the festival began to wind down, they realized they didn't want to part ways. They decided to take a long walk through the snowy city, talking about dreams, fears, and hopes for the future.

Over the next few hours, they became more than just two strangers. They became one, bound by a mutual understanding of what it meant to feel alone in a world so full of life.

As the sun began to rise over the mountains, they knew this was more than just a meeting under the northern lights. It was the beginning of something beautiful.

Spøkelset av Bryggen

Det var en grå og regntung morgen i Bergen da historikeren Emma ankom Bryggen, den gamle bryggen som strakte seg langs havnen. Bygningene, med sine karakteristiske, fargerike treverk, hadde sett utallige generasjoner komme og gå. Emma hadde brukt de siste månedene på å forberede seg til denne reisen, dykket ned i bøker og arkiver for å samle informasjon om Bryggens rike historie.

Da hun begynte å utforske de trange gangene mellom bygningene, følte hun en underlig tilknytning til stedet. Luften var mettet med lukten av sjø og tre, og hun kunne nesten høre hviskingen av fortidens stemmer som hang i luften. Hun stoppet opp foran et av de eldste husene, som var delvis forfalt, og rakk ut hånden for å berøre den råttne treverket. Plutselig ble hun trukket inn i et svakt lys, og hun skvatt tilbake.

"Ikke vær redd," sa en myk stemme bak henne.

Hun snudde seg og møtte blikket til en kvinne som svømte i et lysskjær, kledd i en enkel, gammeldags kjole. "Jeg er Astrid, spøkelset av Bryggen. Jeg har ventet på noen som deg."

Emma følte en blanding av frykt og nysgjerrighet. "Hvorfor meg?"

"Fordi du er en historiker. Det er på tide at noen hører min historie," sa Astrid, og begynte å lede Emma inn i bygningene. De gikk fra rom til rom, og Astrid delte historier om livet på

Bryggen, om handelsmenn og fiskere, om kjærlighet og tap, om hvordan denne plassen hadde vært et knutepunkt for liv og død.

Astrid snakket om en forsvunnet skatt, skjult et sted i Bryggen, som hadde tilhørt en av de mest fremtredende handelsmennene i sin tid. "Ingen har klart å finne den, for den er beskyttet av min ånd. Kun den som kjenner historien kan avdekke dens hemmelighet."

Emma ble mer og mer fascinert av fortellingen, og Astrid ledet henne til et rom fylt med gamle kart og dokumenter. "Se her," sa hun, og pekte på et gammelt kart som viste en hemmelig tunnel under Bryggen. "Dette er veien til skatten, men du må først forstå historien bak den."

Emma begynte å forske på kartet og dokumentene, og i løpet av de neste dagene jobbet hun sammen med Astrid for å avdekke hemmelighetene fra fortiden. De oppdaget spor som ledet dem til skjulte rom og glemte historier. Hver oppdagelse førte til en dypere forståelse av Bryggens historie, men også av Astrids eget liv.

Til slutt, etter dager med research og leting, fant de en skjult dør bak et gammelt skap i en av de eldste bygningene. Da Emma åpnet døren, ble hun møtt av et blaff av lys og en dyptliggende stillhet. Foran henne lå en gammel kiste, dekket av støv.

Astrid smilte. "Nå er tiden inne for å avdekke hemmeligheten. Men husk, det er ikke bare skatten som betyr noe. Det er historien om menneskene som har vært her."

Emma åpnet kisten og fant ikke bare gull og juveler, men også gamle dagbøker og brev som fortalte om livet til de som hadde bodd i Bryggen. Hun innså at dette var mer verdifullt enn skatten i seg selv; det var minnene og historiene som trengte å bli fortalt.

Da hun så på Astrid, visste hun at dette var deres siste møte. "Takk for at du delte historien din med meg," sa Emma, og følte en bølge av takknemlighet.

"Takk for at du lyttet. Nå kan jeg endelig finne fred," svarte Astrid, og ble gradvis usynlig.

Emma forlot Bryggen med mer enn bare en skatt; hun bar med seg historier fra fortiden som ville forme hennes egen fremtid.

The Ghost of Bryggen

It was a gray and rainy morning in Bergen when historian Emma arrived at Bryggen, the old wharf stretching along the harbor. The buildings, with their characteristic colorful timber, had witnessed countless generations come and go. Emma had spent the last few months preparing for this trip, diving into books and archives to gather information about Bryggen's rich history.

As she began to explore the narrow passages between the buildings, she felt a strange connection to the place. The air was saturated with the scent of sea and wood, and she could almost hear the whispers of voices from the past hanging in the air. She stopped in front of one of the oldest houses, which was partially decayed, and reached out to touch the rotting wood. Suddenly, she was drawn into a faint light, and she jumped back.

"Don't be afraid," said a soft voice behind her.

She turned around and met the gaze of a woman who floated in a glow, dressed in a simple, old-fashioned dress. "I am Astrid, the ghost of Bryggen. I have been waiting for someone like you."

Emma felt a mix of fear and curiosity. "Why me?"

"Because you are a historian. It's time for someone to hear my story," said Astrid, and began to lead Emma into the buildings. They moved from room to room, and Astrid shared tales of life at Bryggen, about merchants and fishermen, about love and loss, about how this place had been a hub of life and death.

Astrid spoke of a lost treasure, hidden somewhere in Bryggen, which belonged to one of the most prominent merchants of her time. "No one has been able to find it, for it is protected by my spirit. Only those who know the story can uncover its secret."

Emma became increasingly fascinated by the tale, and Astrid led her to a room filled with old maps and documents. "Look here," she said, pointing to an ancient map that showed a secret tunnel beneath Bryggen. "This is the way to the treasure, but you must first understand the history behind it."

Emma began to research the map and documents, and over the next few days, she worked with Astrid to uncover the secrets of the past. They discovered clues that led them to hidden rooms and forgotten stories. Each discovery deepened their understanding of Bryggen's history, but also of Astrid's own life.

Finally, after days of research and searching, they found a hidden door behind an old cupboard in one of the oldest buildings. As Emma opened the door, she was met with a rush of light and a profound silence. In front of her lay an old chest, covered in dust.

Astrid smiled. "Now it is time to reveal the secret. But remember, it is not just the treasure that matters. It is the story of the people who have been here."

Emma opened the chest and found not only gold and jewels but also old diaries and letters that told of the lives of those who had lived in Bryggen. She realized that this was more valuable than the treasure itself; it was the memories and stories that needed to be told.

As she looked at Astrid, she knew this was their last meeting. "Thank you for sharing your story with me," said Emma, feeling a wave of gratitude.

"Thank you for listening. Now I can finally find peace," replied Astrid, gradually becoming invisible.

Emma left Bryggen with more than just a treasure; she carried with her stories from the past that would shape her own future.

Sannhetens Fragmenter

Høsten 1982 hadde kvelden lagt seg tidlig over den lille kystbyen. Himmelen var grå og tung, og sjøen lå stille som et speil. Anna, en ung kvinne i begynnelsen av tjueårene, satt ved kjøkkenbordet i det gamle huset hun hadde arvet etter foreldrene sine. Hennes mor hadde nylig gått bort, og Anna hadde brukt de siste ukene på å rydde opp i familiens eiendeler. Det var da hun fant det – en gammel, slitt skoeske skjult bak en løs plankebit i gulvet.

Esken inneholdt brev, fotografier og dokumenter som tilsynelatende tilhørte hennes besteforeldre. Anna kjente en følelse av uro bre seg over henne idet hun bladde gjennom innholdet. Besteforeldrene hadde dødd lenge før hun ble født, og hun visste svært lite om dem, men disse dokumentene antydet en historie hun aldri hadde hørt.

Ett av brevene fanget Annas oppmerksomhet spesielt. Det var datert 1940, rett etter at tyskerne hadde invadert Norge. I brevet var det et navn hun aldri hadde hørt før: Erik. Hun leste linjene om og om igjen, og langsomt gikk det opp for henne at hennes bestefar hadde vært involvert i noe mer enn bare å drive fiskehandel. Han hadde vært en del av motstandsbevegelsen.

Anna følte en blanding av stolthet og frykt. Hvorfor hadde ingen fortalt henne om dette? Hun visste at krigen hadde påvirket alle, men å finne ut at hennes egen familie hadde vært involvert i kampen mot okkupantene, var overveldende.

Hun bestemte seg for å grave dypere. Hun kontaktet det lokale arkivet, søkte gjennom gamle aviser og snakket med de få eldre i bygda som fortsatt husket krigsårene. Bit for bit avdekket hun en historie om mot, forræderi og tap. Erik, bestefaren, hadde vært en nøkkelperson i en motstandsgruppe som opererte langs kysten. De smuglet informasjon og forsyninger til de allierte, og flere ganger hadde de vært på randen av å bli oppdaget.

Men et annet navn dukket stadig opp i de gamle papirene – Torvald. Han var en nær venn av bestefaren, men en som hadde forrådt gruppen til tyskerne. Anna fikk frysninger da hun innså at dette var grunnen til at gruppen ble avslørt, og hvorfor besteforeldrene hennes ble tvunget til å flykte. Det hadde ført til at de hadde måttet leve i skjul resten av krigen.

Hun fant til slutt et annet brev, skrevet av bestemor Ingrid, der hun beskrev flukten fra tyskerne og hvordan de overlevde ved å skjule seg i en avsidesliggende dal. Brevet var fylt med sorg over venner de hadde mistet, men også med håp om en fremtid uten frykt.

Anna satt alene ved kjøkkenbordet, med fragmentene av sannheten spredt foran seg. Hun følte en dyp forbindelse til besteforeldrene sine, til deres styrke og offer. Krigen hadde etterlatt dype sår i familien hennes, men også et usynlig bånd av motstandskraft.

Da hun brettet sammen de gamle brevene og la dem forsiktig tilbake i esken, visste hun at hun aldri ville se på sin familie på samme måte igjen. De var ikke bare fiskere og bønder fra en liten kystby. De var helter i en tid hvor det var nødvendig å kjempe for friheten. Sannheten, selv fragmentert, hadde gitt henne et nytt perspektiv på hvem hun var og hvor hun kom fra.

53

Fragments of Truth

Autumn 1982, and the evening had fallen early over the small coastal town. The sky was gray and heavy, and the sea lay still like a mirror. Anna, a young woman in her early twenties, sat at the kitchen table in the old house she had inherited from her parents. Her mother had recently passed away, and Anna had spent the last few weeks sorting through the family's belongings. That was when she found it—a worn, old shoebox hidden behind a loose floorboard.

The box contained letters, photographs, and documents that appeared to belong to her grandparents. A feeling of unease crept over Anna as she sifted through the contents. Her grandparents had died long before she was born, and she knew very little about them. But these documents suggested a story she had never heard.

One letter, in particular, caught Anna's attention. It was dated 1940, right after the Germans had invaded Norway. In the letter was a name she had never heard before: Erik. She read the lines over and over, slowly realizing that her grandfather had been involved in something more than just running a fishery. He had been part of the resistance movement.

Anna felt a mixture of pride and fear. Why had no one told her about this? She knew that the war had touched everyone, but to discover that her own family had been involved in the fight against the occupiers was overwhelming.

Determined to learn more, she dug deeper. She contacted the local archive, scoured old newspapers, and spoke to the few elderly people in the village who still remembered the war years. Bit by bit, she uncovered a story of courage, betrayal, and loss. Her grandfather Erik had been a key figure in a resistance group that operated along the coast. They smuggled information and supplies to the Allies, and several times they had narrowly escaped being discovered.

But another name kept appearing in the old papers—Torvald. He had been a close friend of her grandfather but had betrayed the group to the Germans. Anna shivered as she realized that this was why the group had been exposed and why her grandparents had been forced to flee. It had led them to live in hiding for the rest of the war.

Eventually, she found another letter, written by her grandmother Ingrid, describing their escape from the Germans and how they survived by hiding in a remote valley. The letter was filled with sorrow for the friends they had lost, but also with hope for a future free of fear.

Anna sat alone at the kitchen table, with fragments of the truth scattered before her. She felt a deep connection to her grandparents, to their strength and sacrifice. The war had left deep scars on her family, but it had also forged an invisible bond of resilience.

As she folded the old letters and gently placed them back in the box, she knew she would never look at her family the same way again. They were not just fishermen and farmers from a small coastal town. They were heroes in a time when fighting for freedom was necessary. The truth, even in fragments, had given her a new perspective on who she was and where she came from.

57